KB206607

제봉 리필수 저

정음문전

발행소 조선정음부활회

서

대저 이 세상에 있난 물건은 엇더한 것을 물론하고 오래 되도록 다사
리지 않히 하면 반다시 쇠하나니라 전일에 우리의 글로 우리의 말을
쓴바가 심히 적고 중국글로만 쓴고로 지금에 우리의 말과 글이 서로
같지 않히 함이니 엇지 가석한 일이 않히리오
말이라 하난 것은 뜻을 표한 것이며 글이라 하난 것은 말을 표한 것
이니 그런고로 말하난 법과 글쓰난 법이 서로 같아야만 될것이니라
만일 말하난 법과 글쓰난 법이 서로 같지 않히 하여 쓰난 이와 읽난
이가 각각 달는 뜻을 두게 한다하면 이것이 엇지 완전한 글이 되리오
애닯다 우리글이여 우리글은 발음하난 법과 글짓난 법이 이 세상에
있난 모든 글자중에 특이하여 비할바이 없거날 오날에 이르어는 그
쇠하여 퇴보됨이 엇지 이와 같히 되엿나뇨 실로 이에 대하여 유감됨
이 엇더하다 형언하기 어렵도다

그런고로 학식의 쳔협함을 생각지 않히 하고 외람히 이 글을 짛어 보시난 이의 참고가 되게 하고자 하오니 만약 이 글이 조선 문젼에 대하여 만분의 한아이라도 돕음이 된다 할진대 져자(著者)의 생광이 실로 멀고 크리로다

져자 씀

범례

一 이책은 중로에 잘못 쓴음을 곧히고 또 없든 글자를 지었나니 그런고로 음이 있되 글자가 없다든지 글자가 있되 음이 없다든지 하난 폐가 없게 되니라

一 말이라 하난것은 시대의 변쳔(變遷) 됨과 문화의 진보됨을 좇아 쓰어지나니 그런고로 이책은 현대(現代)에서 통행되난 말로 근본을 정하니라

一 이책은 서울말을 주체로 정한고로 한문의 음도 현대(現代)에서 쓰난 서울말에 의지하여 텬디(天地)를 천지라 력ᄉᆞ(歷史)를 력사라 뎍슈(敵手)를 적수라 뎐션(電線)을 전선이라 모다 긔록하니라

혹은 텬디음이 중국음이라 하여 이것을 옳다 주창하나 이와 같은 주창은 될수 없나니 만약 텬디음이 옳다 할진대 푼밍(分明) 산동음 푼밍

음은 엇지하여 분명이며 푼부(夫婦)음은 엇지 하여 부부며 회신(合心)산동음 회신 음은 엇지 하여 합심이라하나뇨 중국음과 같지 않히함이 거의 다 저와 같으니 혹자의 이와 같은 주창은 결코 될수없나니라 중국사람으로도 북경음과 산동음이 같지 않히 하며 산동음과 남경음이 더욱 같지 않히 한것은 여러분의 알으시난바니 그런고로 현대(現代)에서 넓게 쓰난 서울말로 주체를 정하니라

이책은 글자의 쓰난 법을 각각 분석한고로 글구를 짓난 법에는 약하여 오았다 를 왔다로 쓰었다 를 썼다로 누구인지 를 누군지로 쓰니라

이책은 정음을 주장한고로 속(俗)에 잘못 전하여 리치에 맞지 않히 한것은 혹 제하며 혹 새로 짓였나니 읽난 이는 깊히 주의하여 보시며 만약 그중에 알지 못할것이 있을때는 통지하심을 바라노라

졍음문젼 목록

장편

중편

하 편

졍음문젼

상 편

제일장 글 자

글자라 하난것은 뜻을 표시하난 말을 대표하기 위하여 맨들은 것이라 그런고로 글자는 반다시 완전한 발음과 완전한 문법을 요구하나니라

만약 글자의 발음법이 완전하지 못하며 글자의 조직법이 또한 완전하지 못할 때는 그글자와 그말은 도저히 서로 같을수 없(無)나니라

그런고로 문명한 나라에서는 그나라의 글자를 맨들고자 할때에 먼저 완전한 발음을 요구하며 다음에 완전한 문법을 요구하나니라

완전한 발음을 하고자 할때에는 홀소리(母音)와 닿소리(子音)의 두음을 반다시 요구하나니라

홑소리와 닿소리를 구하여 엇더한 표로든지 한번 정(定)한 후에는 다시 달는 음으로 겸하여 쓰지 못하나니라

례

홑소리 ㅏ 표는 ㅓ 표나 ㅗ 표나 ㅜ 표로 발음하지 못하나니라 그런고로

ㄱ 에 ㅏ 를 합하면 가음(可音)이요

ㄱ 에 ㅓ 를 합하면 거음(居音)이요

ㄱ 에 ㅗ 를 합하면 고음(高音)이요

ㄱ 에 ㅜ 를 합하면 구음(區音)이니라

우에 보인바와 갈히 음을 한번 정(定)한 후에는 다시 변(變)하지 못하나니 만일 음이 달느면 글자도 달늘것이니라 그런고로 아래에 다시 쓰어 보이노니 깊히 주의할지니라

간음은 間字音이요

건음은 乾字音이요

곤음은 困字音이요

균음은 君字音이요

견음은 堅字音이요

근음은 根字音이요

건음은 建字音이요

견음은 見字音이요

권음은 權字音이요

권음은 勸字音이니라

당소리 ㄱ 표는 ㄴ 표나 ㄷ 표나 ㄹ 표로 발음하지 못하나니라

그런고로

ㄱ 에 ㅗ 를 합하면 고음(高音)이요

ㄴ 에 ㅗ 를 합하면 노음(怒音)이요

ㄷ 에 ㅗ 를 합하면 도음(刀音)이요

ㄹ 에 ㅗ 를 합하면 로음(虜音)이요

ㅁ 에 ㅗ 를 합하면 모음(謀音)이요
ㅂ 에 ㅗ 를 합하면 보음(報音)이니라

만약 한번 정(定)한 표로 세네가지의 음을 릉히 한다하면 이것은 전혀 경위가 없(無)난 것이며 또한 복잡함이 엇더하리오 그런고로 이와같히 된 글자는 유치함을 면(免)하기 어렵으니라

홑소리라 하난것은 입밧(外)으로 분명하게 자유로 나오난 음이니라

닿소리라 하난것은 자유로 나오지 못하고 홑소리와 합하여야만 되난것이니라

홑소리가 두개이상으로 합하여 한글자가 될때는 반다시 고저음(高低音)을 요구하나니라 그런고로

훈민정음(訓民正音)에 길고 짧은 음을 정(定)하여 가장 길은 음은 좌편(左便)에 두 점을 치고 조금 길은 음은 좌편에 한점을 쳐(치어) 표하엿나니라

례

우리가 이 일을 이와갈히 머뭇머뭇하여 결단하지 못하면 도저히 될수 없다

우리•머뭇•결단•도저히

만약 우리 글자 리에 친 점을 옴기여 우에 친즉 그 글자의 뜻이 변하여 달는 글자로 되나니라

례

돼지우리를 보시오

우리

우와갈히 점을 옴기어 치고 발음한즉 돼지의 집이 되나니라

글자라 하난 것은 몇개의 홀소리와 닿소리를 합하여 맨들었든지 관계

할것 없히 한번 정한 후에는 다시 고처지 못하나니라

례

졂은 사람 (少年)
깍은 머리 (削髮頭)
늙은 사람 (老人)
굵은 상투 (厚上套)
높은 산 (高山)
밝은 달 (明月)
넓은 들 (廣野)
맑은 바람 (淸風)

◉ 우리의 글과 우리의 말은 세계에 비할바이 없거날 중국 글에 미혹(迷惑)한 썩어진 선비(汚儒)가 촌간에서 어린 아희들을 함부로 되난대로 가라치였음으로 우리의 글자가 엇더하게 되엿난지 엇더한 값(價)이 있난지 엇더한 관계가 있난지 도모지 알지 못하며 이뿐

만 않히라

말도 길고 짧은 음이 있난 것을 분명히 알지 못하나니라 그런고로 오날은 완전한 발음과 완전한 글자와 완전한 문법을 요구하난 이때라 하노라

지금 동서양 모든 문명한 나라의 글자를 볼진대 조선 글자로는 그 음을 릉히 다 쓸수 있으나 조선 글자의 음은 이 세계에 있난 모든 문명한 나라의 글자라 하난 것을 다 합하여 가지고 쓴다 할지라도 될수 없나니라

대저 이 세계에 있난 모든 문명한 나라의 글자라하난 것은 근원을 알지 못하여 뿌리를 취하지 못하고 가지를 취하였나니 그런고로 발음법(發音法)이 심히 유치하여 이 우주(宇宙)에 있난 천태만상(千態萬狀)의 모든 음은 물론하고 사람과 사람사이에서 서로 통하난 음도 자긔나라 글자로 방사하게 짓지 못하나니 이것을 엇지 완전한 글자라 하리오 특별히 조선 글자는 이와 반대되여 가자를 취

하지 않고 쇼리를 취한 것이라 그런고로 발음의 된법이 사통오달(四通五達)하여 무한(無限)한 릉력(能力)으로 조금도 막힘 없히 된것이니라

훈민정음(訓民正音)에 말하였으되 이 공간(空間)에 자연성(自然聲)이 있을 때는 자연성의 글자가 또한 있다 하였나니 이 세계에서 이러한 학설(學說)을 주창한바가 있난가 없난가

위대(偉大)하며 장엄(壯嚴)하다 우리 글자의 릉력이여 이 세계에 있난 모든 인류(人類)의 글자중에서는 그 짝을 다시 볼수 없난 것이니라

제이장 조선글

제일절 이두(吏讀)

상고(上古)에 중국글을 쓸새 그 불편한 점이 심히 많은지라 그런고로 그것을 조금 편리하게 하기 위하여 신라시대(新羅時代)에 학사(學士)

설총(薛聰)이 중국 글자의 음이나 혹 삭임을 취하여 쓰고 이름을 이두라하니 이것이 곧 조선 글자의 원조(元祖)가 되니라

이두의 쓰난법

례	중국글자
亻(이)	伊(음)
卩(은)	隱(음)
乙(을)	乙(음)
丁(가)	可(음)
ソ古(하고)	爲古(爲삭임、古음)
ソ尼(하니)	爲尼(尼음)
ソ飛尼(하나니)	爲飛尼(飛삭임)
ソ加尼(하더니)	爲加尼(加삭임)

제이절 훈민정음(訓民正音)

이두가 생긴후로 고려(高麗)를 지나서 리조(李朝)에 일우기까지 쓰엿

으나 엇지 천만(千萬)의 조선음을 이것으로 릉히 다 쓰리오 그런고로 세종대왕(世宗大王)께서 이것을 근심하사 성삼문(成三問) 박팽년(朴彭年) 정인지(鄭麟趾) 신숙주(申叔舟) 모든 신하로 더부러 고금(古今)을 참작(參酌)하시와 이십오년 계해(癸亥)(四百八十一년전)에 맨들으시고 이름을 훈민정음이라하여 이십팔년병인(丙寅)에 반포(頒布)하시니라

칙어 (勅語)

우리나라의 말과 음이 중국과 달는지라 그 글자로는 서로 쓸수 없난고로 자긔의 뜻을 말하고자 하되 말하지 못하난 백성이 많을새 내가 이것을 민망히 너기어 스믈여덟 글자를 새로 맨들어 사람사람이 쉽게 배우며 쓰기에 편하게 하노라

훈민정음 중성(中聲)열한자

ㅏ 담자(覃字)의 중성

ㅑ 양자(穰字)의 중성

ㅓ 업자(業字)의 중성

ㅕ 별자(彆字)의 중성

ㅗ 홍자(洪字)의 중성

ㅛ 욕자(欲字)의 중성

ㅜ 군자(君字)의 중성

ㅠ 슐자(戌字)의 중성

ㅡ 즉자(即字)의 중성

ㅣ 침자(侵字)의 중성

ㆍ ᄐᆞᆫ자(呑字)의 중성

훈민정음 초성(初聲) 열일곱자

ㄱ 군자(君字)의 초성

ㅋ 쾌자(快字)의 초성

ㆁ 업자(業字)의 초성

ㄷ 두자(斗字)의 초성

ㅌ ᄐᆞᆫ자(呑字)의 초성
ㄴ 나자(那字)의 초성
ㅂ 별자(彆字)의 초성
ㅍ 표자(漂字)의 초성
ㅁ 미자(彌字)의 초성
ㅈ 즉자(即字)의 초성
ㅊ 침자(侵字)의 초성
ㅅ 슐자(戌字)의 초성
ㆆ 읍자(挹字)의 초성
ㅎ 허자(虛字)의 초성
ㅇ 욕자(欲字)의 초성
ㄹ 려자(閭字)의 초성
ㅿ 양자(穰字)의 초성

⑦ 훈민정음은 실로 조선문화(文化)중에 가장 빗난 것이며 이 세계에

다시 없난 것이니라 몇천년 동안의 구구한 폐습(弊習)을 제하시고 억만세에 이루도록 한없난 복음(福音)을 주셨나니 정음의 권능(權能)이 이와같히 위대(偉大)하거날 이 뜻을 받아 그 묘한 리치와 그 찬란한 광채를 달는 민족에게 전파한 사람이 얼마나 되난가 슬프다 달는 민족에게 전파함은 물론하고 조선사람 사이에도 넓게 알지 못하였나니 이것을 생각하매 엇지 탄식할바 않히리오 조선 사람 되고는 누구든지 동정의 눈물을 표하지 않히 할수 없으리라 신선(新鮮)한 공긔를 호흡(呼吸)하며 용감(勇敢)한 혈긔(血氣)를 가진 쾌남아(快男兒)에게 맡기고 후일을 기다리노라

제삼장 홀소리의 총론(總論)

제일절 홀소리

홀소리는 여섯자로 되였나니 아래와 같으니라

ㅏ ㅓ ㅗ ㅜ ㅡ ㅣ

제이절 둘합한 홀소리

둘합한 홀소리는 열세자를 쓰어 보이노라

ㅑ ㅕ ㅛ ㅠ 、 ㅐ ㅔ ㅚ ㅟ ㅢ ㅕ ㅘ ㅝ

두음이 합한바는 아래와 같으니라

ㅑ ㅣㅏ 두음이 합한것

ㅕ ㅣㅓ 두음이 합한것

ㅛ ㅣㅗ 두음이 합한것

ㅠ ㅣㅜ 두음이 합한것

、 ㅣ‥ 두음이 합한것

ㅐ ㅏㅣ 두음이 합한것

ㅔ ㅓㅣ 두음이 합한것

ㅚ ㅗㅣ 두음이 합한것

ㅟ ㅜㅣ 두음이 합한것

ㅢ ㅡㅣ 두음이 합한것

ㅡㅓ ㅡㅓ 두음이 밥한것

ㅘ ㅗㅏ 두음이 합한것

ㅝ ㅜㅓ 두음이 합한것

합한 홀소리라 하난 것은 두자이상의 같지 않히한 음을 합하여 그 사이 음을 하난 것이니 아래에 쓴것도 또한 같으니라

제삼절 셋 합한 홀소리

셋 합한 홀소리는 열자를 쓰어 보이노라

ㅕㅣ ㅖ ㆉ ㆌ ㆇ ㆈ ㅞ ㅝ ㅙ

세음이 합한바는 아래와 같으니라

ㅒ ㅣㅏㅣ 세음이 합한것

ㅖ ㅣㅓㅣ 세음이 합한것

ᄑᆈ ㅣㅗㅣ 셰음이 합한것
ᄑᆔ ㅣㅜㅣ 셰음이 합한것
ᄑힴ ㅣㅗㅏ 셰음이 합한것
ᄑᆏ ㅣㅜㅓ 셰음이 합한것
퐤 ㅗㅏㅣ 셰음이 합한것
풰 ㅜㅓㅣ 셰음이 합한것
피ᅳᅥ ㅣㅡㅓ 셰음이 합한것
푸ᅳᅥ ㅜㅡㅓ 셰음이 합한것

제사절 넷 합한 홀소리

넷 합한 홀소리는 세자를 쓰어 보이노라

ᄑힵ ᄍᆒ 푸ᅳᅥ

네음이 합한바는 아래와 갇으니라

ᄑힵ ㅣㅗㅏㅣ 네음이 합한것

ᆒ ㅣㅜㅓㅣ 네음이 합한것

ᆎ ㅣㅜㅡㅓ 네음이 합한것

제오절 홀소리의 차별

홀소리의 차별이 중로에 이르어 서로 혼동된고로 그 정음을 각각 쓰어 보이노라

一 ᅴ음 쓰난법

례	정(正)	오(誤)
御前	ᅴ전	어전
去來	긔래	거릐
健康	권강	건강
劒術	검술	검술
瑞氣	서긔	셔긔
聖人	셩인	셩인

戰功	전공	전공
險地	험지	험디
憲兵	헌병	헌병
島	섬	섬
虎	범	범
厨	벽	벽
小	적다	적다
加	덤	덤
三月	석달	석달
四月	넉달	넉달
何時	언제	언제

二 ≪의음≫ 쓰난법

례	정(正)	오(誤)
慶事	경사	경ᄉᆞ

鏡城	겅성	경셩
警戒	겅계	경계
卞書房	번서방	변셔방
硯水	언수	연슈
染色	엄색	염식
現今	헌금	현금
免禍	먼화	면화
永春	엉춘	영츈
面長	먼장	면쟝
厭世	엄세	염셰

三 워음 쓰난법

례	정(正)	오(誤)
軟肉	언한고기	연한고기
變生	번이났다	변이낫다

怨望 원망 원망
寃魂 원혼 원혼
遠視 원시 원시
願納 원납 원납
卷烟 권연 권연
勸告 권고 권고
薄明 훤하다 훤하다
飛貟 훨훨날는다 훨훨날는다

◉ 대저 홀소리의 분별이 우와 갈거날 권래에 우리의 글을 연구(硏究) 하시난 여러분 중에 근본을 들어 말삼하시난 분은 뵈옵기 어렵고 단지 ᆞ음에 대하여 폐지하자 그대로 쓰자 하시난 말삼뿐이오니 실로 가석하기 한이 없도다 또 그중에 리치에 가장 온당하지 못한 말이 있으니 엇던 글자는 원편에 점을 처서 그 음을 그대로 노히고 엇던 글자는 원편에 점

을 쳐서 달는 음으로 변(變)하나뇨 이것이 한 큰 의문(疑問)이며
또한 변(變)하난 방법도 일정(一定)하지 못하여 셩음에 점을 칠때
는 셩(姓)음으로 되게하며 병음에 점을 칠때는 병(病)음으로 되게
하난도다
만약 셩음을 셩음으로 할진대 병음도 병음으로 할지니 엇지 하여
병음은 병음으로 되나뇨
길게 말할것 없이 조선글자는 완전한 음을 하지 못하난고로 점을
쳐서 가정(假定)한다 함이로다
그러면 발음이 부족한 일본글자라든지 또는 서양글자와 같다하난
말삼이 않히뇨
이러한 주창은 절대적 불가하니라
또 혹은 말하되 한문(漢文)음의 고저(高低)에 의지하여 조선글자
의 음도 변(變)한다 하나니 그러면 조선글자는 독립의 음이 없고
한문(漢文)의 한 부속품이라 함이로다

다시 말하자면 한문(漢文)이 없을때는 조선글도 없다함이 않히뇨 읽지 이러한 말을 감히 입을 열어 하리오 깊히 생각하여 반성(返省)하기를 바라노라

제사장 닿소리의 총론(總論)

제열절 닿소리

닿소리는 열네자로 되였나니 아래와 같으니라

ㄱ 그윽 ㄴ 느은 ㄷ 드읃 ㄹ 르을 ㅁ 므음 ㅂ 브읍 ㅅ 스읏 ㅇ 으응 ㅈ 즈읒 ㅊ 츠읓

ㅋ 크읔 ㅌ 트읕 ㅍ 프읖 ㅎ 흐읗

제이절 둘합한 닿소리

둘합한 닿소리는 강합음(強合音) 연합음(軟合音) 탁합음(濁合音)의 세종류로 논아 얼마라도 될수있나니 대강 쓰어 보이노라

강합음 ㄱㄱ ㄴㄴ ㄷㄷ ㄹㄹ ㅂㅂ ㅅㅅ

원합음 ㄷㅎ ㄹㅎ ㅂㅎ ㅈㅎ ㅊㅎ ㅍㅎ

탁합음 ㄱㅎ ㄴㅎ ㄷㅎ ㄹㅎ ㅋㅎ ㅌㅎ

닿소리의 합함도 홀소리의 합함과 같히 두자이상의 음이 합하여 된것이니라

제삼절 셋합한 닿소리

셋합한 닿소리는 강합음에든지 원합음에든지 비음(鼻音)을 합한즉 다 되며 그외에도 또한 되나니 대강 쓰어 보이노라

ㅂㅂㅇ ㅂㅎㅇ ㅅㅎㅇ ㅈㅈㅎ ㅊㅊㅎ ㅍㅎㅇ

제사절 넷합한 닿소리

넷합한 닿소리도 또한 아래와 같히 되나니라

ㅅㅅㅎㅇ ㅈㅈㅎㅇ

제오절 ㆁㆆㅿㅇ 네음의 차별

ㆁㆆㅿㅇ 네음의 차별이 중로에 이르어 서로 혼동된고로 그 정음을 각각 보이노라

ㆁ 음은 당소리중에 순전한 비음(鼻音)으로 된것이니라

그런고로 동비작성(動鼻作聲)이라하엿고 룡비의천가(龍飛御天歌)에 굼허에(巷에)라 솘바올(松子)이라 씀이 잇으며 또 지금 까지 전하여 오난바 이어(鯉魚)를 잉어라 부어(鮒魚)를 붕어라 수어(秀魚)를 숭어라 하나니라

ㆆ 음은 훈민정음에 읍자초성(挹字初聲)이라 하엿난대 룡비의천가에 ㆆ 음을 초성(初聲)으로 씀은 없고 오작 달는 종성(終聲)에 합하여 씀만 잇으니 오실제라 갈제라 하니라

ㅿ 음은 훈민정음에 양자초성(穰字初聲)이라 하엿난대 양자(穰字)의 음을 중국 사람중에 혹은 랑이라 하며 혹은 망이라 하나니 그

련고로 이것은 합한 닿소리니라
○ 표는 룡비의천가에 종성(終聲)으로 씀은 없고 오직 초성(初聲)
으로만 씀이 있으니 그 효력은 두 홑소리가 서로 연할때에 각각
독립하여 합한 음이 못되게 함이니라 그런고로 룡비의 천가에
군사(軍士)ㅣ 천자(天子)ㅣ 장자(長者)ㅣ 로씀은 ㅣ 음을 우의
음에 합하여 군새, 천재, 장재로 읽으라난 뜻이니 만약 ㅣ 음에
○ 을 붙일 때는 그 음이 각각 독립이 되여 군사이 천자이 장자
이로 읽게 되나니라

◉ 우리의 글이 중로에 정도(正道)를 잃고 색채(色彩)를 잃어 오날에
이와같히 퇴보(退步)가 된것은 그원인이 적지 않히하나
중종조(中宗朝) 이십이년정해(丁亥)에 최세진(崔世珍)의 맨들은
훈몽자회(訓蒙字會)가 생김으로 붙어 그 해독(害毒)이 가장 심
하게 되였나니 그 례를 아래에 보이노라

訓蒙字會

初聲終聲通用八字

ㄱ其役 ㄴ尼隱 ㄷ池末 ㄹ梨乙 ㅁ眉音 ㅂ非邑 ㅅ時衣 ㆁ異凝

末衣兩字只取本字之釋俚語爲聲

其尼池梨眉非時異八音用於初聲

役隱末乙音邑衣凝八音用於終聲

初聲獨用八字

ㅋ箕 ㅌ治 ㅍ皮 ㅊ齒 ㅿ而 ㆁ伊 ㆆ屎

箕字亦取本字之釋俚語爲聲

中聲獨用十一字

ㅏ阿 ㅑ也 ㅓ於 ㅕ余 ㅗ吾 ㅛ要 ㅜ牛 ㅠ由 ㅡ應(不用終聲) ㅣ伊(只用中聲)

ㆍ思(不用初聲)

初中聲合用作字例

가 갸 거 겨 고 교 구 규 그 기 ᄀᆞ

以ㄱ其爲初聲以ㅏ阿爲中聲合ㄱㅏ爲字則(가)此家字音也又以ㄱ役
爲終聲合가ㄱ爲字則(각)此各字音也餘倣此
우와갈히 말한지라 엇지 탄식할바 않히리오
ㄱㄴㄷㄹㅁㅂㅅㆁ 여덟음은 초성과 종성에 다 쓴다하고
ㅋㅌㅍㅈㅊㅿㅇㆆ 여덟음은 초성에만 쓴다하여 일정(一定)한 제
한(制限)을 주었으니 이것이 첫재 불가한것이니라
이후로 붙어 바침 쓰난 법을 알지 못하며 또 ㆁ음과 ㅇ표도 서
로 혼동되여 ㅇ 표를 ㆁ음과 갈히 종성(終聲)에 쓰었으며 ㆁ음
은 초성(初聲)으로 씀이 없었나니
이것이 엇지 최공(崔公)의 허물이 않히라하리오 또 권래 조선어
문법제요(朝鮮語文法提要)에는
ᄋᆞ 음에 대하여 말삼한바 의혹점(疑惑点)이 있기로 아래에 보이
노라
「ᄒᆞ교의 발음은 Häko 에 갓갑은 것이 않히라

Hüko 에 갓갑거날 두음을 분별하지 못하니 가장 리치에 불합한 것이라」하엿도다

대저 영국글자는 구라파 모든 나라 글자중에도 대단 유치하며 경위없게 된글자요 발음법의 부족함이 또한 심히 많(多)거날 읽지 우와 갈히 영국글로 조선글을 대조(對照)하난지 그 잘못된바를 보이노라

Häko 의 음은 하코니 될수 없나니라

Hüko 의 음은 휴코니 또한 될수 없나니라

이세계에서 특이(特異)하고 무쌍(無雙)한 조선글자의 발음법을 엇지 유치한 영국글에 비하리오

대저 잘된 글자로 못된 글자를 모방한다함은 될수있으나 못된 글자로 잘된 글자를 모방 한다함은 도저히 될수 없난 말이니라

영국글은 발음만 부족할뿐 않히라 그 문법(文法)됨이 또한 심히 부족한고로 읽난이를 위하여 영국(英國)로국(露國) 조선의 세나라

글로 례를 들어 어느 나라의 글자는 잘되여 완전하고 어느 나라의 글자는 못되여 유치함을 아래에 대조(對照)하노라

제일례

I bought that horse.

이 글구에서는 말이 목적격(目的格)이 되니라

That horse is very fine.

이 글구에서는 말이 주격(主格)이 되니라

과연 괴상하도다 같은 글자로 어느 때에는 목적격이 되며 어느 때에는 주격이 되난지 이런고로 그 나라 글자의 유치함을 면(免)하기 어렵이라

제이례

영국글	I	bought	this	house.
로국글	Я	купилъ	этотъ	домъ.
조선글	내가	샀오	이	집을

영국글	This	house	bought	I.
아국글	Этотъ	домъ	купилъ	Я.
조션글	이	집을	샀오	내가
영국글	I	this	house	bought.
아국글	Я	этотъ	домъ	купилъ.
조션글	내가	이	집을	샀오
영국글	This	house	I	bought.
아국글	Этотъ	домъ	Я	купилъ.
조션글	이	집을	내가	샀오
영국글	Bought	this	house	I.
아국글	Купилъ	этотъ	домъ	Я.
조션글	샀오	이	집을	내가
영국글	Bought	I	this	house.
아국글	Купилъ	Я	этотъ	домъ.

조선글 찾오 내가 이 집을

우의 두 례를 볼진대 조선글이나 로국글은 조금도 달늠이 없나니 어느나라 글자를 물론하고 그격(格)됨이 이와 갈히 완전하여 주격(主格)으로 한번 정한 글자는 어느 곳에 두든지 주위(主位)에 있고 목적격(目的格)으로 한번 정한 글자는 어느 곳에 두든지 목적위(目的位)에 있어야만 과연 문명한 나라의 글자라 할수 있나니라

제오장 바침

바침을 훈민정음에 종성(終聲)이라 하였난대 중간에 여덟음으로만 쓰니라

땅소리가 먼저 하고 훌소리가 후에 한즉 원만한 음을 합하지마는 만약 훌소리가 먼저 하고 땅소리가 후에 한즉 그 땅소리는 바침으로 쓰어지나니 전에는 바침에 대하여 일정한 제한이 있난듯 하게 잘못 쓰

없으나 지금 이것을 또 다시 말할것은 없난지라 그런고로 오날은 없더한 닿소리든지 다 바침으로도 쓰난것으로 알것이니라

가령 바닷다(受) 갑팟다(報)라 쓸때는 반다시

받았다

갚았다

우와같히 쓰어야만 될것이니라 만약 바에 ㅅ 바침을 한다든지 가에 ㅂ 바침을 한다든지 하면 그것은 잘못 씀이니 그 리유를 중국글에 비하여 보이노라

侍字

侍字는 亻邊(사람인변)에 寺字(절사자)를 합하여 맨들은 글자라 그런고로 만약 彳邊(중인변)에 寺字를 합하면 待字(기대릴대자)가 되며 日邊(날일변)에 寺字를 합하면 時字(때시자)가 되며 言邊(말삼언변)에 寺字를 합하면 詩字(글시자)가 되며 口邊(입구변)이나 目邊(눈목변)에 寺字를 합하면 아모 글자도 되지 않히하나니라

우리글자도 이와같히 된것이어날 중로에 썩어진 선비들(汚儒輩)이 자긔의 글자를 멸시(蔑視)하였음으로 권래에 우리의 글을 밝게 잘 알지 못하난 싸닭이니

생각이 이에 밋으매 엇지 탄식할바 않히며 통곡할바 않히리오 동서양의 신선한 공긔를 호흡하난 새 청년아 전감이 소연하니 래두를 생각하라 또 홋바침만 그러할쁜 아니라 겹바침도 또한 많은고로 아래에 대강 쓰어 보이노라

홋바침

걷 곧 굳 닫 믿 받

갖 낮 맞 빚 젖 찾

몇 좇 쫓 깊 높 앞

같 밭 맡 쌓 놓 좋

겹바침

꺆 쉮 묶 앉 얹 많
넋 몫 삯 낡 얽 옭
닮 옮 젊 얇 엷 짧
핥 훑 읊 앓 옳 잃
않 값 뭃 밟 없 있

선현(先賢)과 선조(先祖)께서는 로심초사하사 저와같히 좋은 글을 주셨거날 우리는 삶인지 생신지 릉히 분변(分辨)하기 어렵게 되였으니 엇지 두렵지 않히하며 놀납지 않히하리오 이 글을 읽난이는 깊히 반성(返省)할지니라

또 ㅎ 음의 허약(虛弱)함을 읽난이에게 알게함이 필요한고로 아래에 대강 쓰어 보이노라

같지 않히한 닿소리가 서로 연하여 날때는 그 연하여 나난 자연의 형세로 변작성(變作聲)이 있으니 한아는 자연(自然)의 변작성이요 한아는 강작(强作)의 변작성이니라

一、자연의 번작성

ㄱ가 ㄴ ㅁ 의 우에서는 ㆁ 음과 갈히 번작됨
ㅂ가 ㄴ ㅁ 의 우에서는 ㅁ 음과 갈히 번작됨
ㄱ ㄷ ㅂ ㅅ ㅈ 가 서로 연할때는 아래의 음이 우에 말한바 강합음(強合音)과 갈히 번작됨

二、강작의 번작성

ㅎ가 ㄷ ㅅ ㅈ ㅊ ㅌ 의 아래에서는 ㅌ 음과 갈히 번작됨
ㅎ와 ㄱ 가 서로 연할때는 ㅋ 음과 갈히 번작됨
ㅎ와 ㅂ 가 서로 연할때는 ㅍ 음과 갈히 번작됨
ㅎ 음은 닿소리중에 제일 허약(虛弱)한 음이니라 그런고로 달는음의 우에 잇든지 아래에 있든지 ㅎ 음을 분명히 하지 못함으로

조선사람은 ㆆ 음을 하기위하여 강작(强作)하며 외국 사람은 ㆆ 음이 달는 음의 아래에 있을때는 전혀 하지 못하난이도 있나니 법어에(法語) ㆆ 음이 엇던 음의 아래에 잇든지 잘내지 못하며

ハ ヒ フ ヘ ホ 가 또한 와 이 우 예 오 로 되나니라

우에 번작성을 보인것은 읽난이로 하여금 ㆆ 음에 대하여 의혹이 없게 하고자 함이니라

제륙장 닿소리의 물형

제일절 ㄱ 물형(物形)

ㄱ 음은 ㄱ 형상과 갈히 성대(聲帶)로 붙어 곧게 의지하지 않ᅘ하고 나오난 음이니 그런고로 그형상이 저와 갈으니라

제이절 ㄴ 물형

ㄴ 음은 ㄴ 형상과 갈히 혀끝을 구부려 입안 천장에 붙이였다가 떠러질때에 발음되나니 그런고로 그 형상이 저와 같으니라

제삼절 ㅅ 물형

ㅅ 음은 ㅅ 형상과 갈히 우아래 이를 합한후에 이사이로 발음되나니 그런고로 그 형상이 저와 같으니라

제사절 ㅁ 물형

ㅁ 음은 ㅁ 형상과 갈히 우아래 입살을 합하였다가 다시 뗄때에 발음되나니 그런고로 그 형상이 저와 같으니라

제오절 ㆁ 물형

ㆁ 음은 혀나 이나 입살이나 어듸에든지 의지하지 않이하고 ㆁ 형상과 갈히 성대(聲帶)로 붙어 코구멍으로 곧게 통하여 단순한

비음(鼻音)을 하나니 그런고로 그 형상이 저와 같으니라

제륙절 ㄹ 물형

ㄹ 음은 ㄹ 형상과 같히 혀끝을 굴니어 발음하나니 그런고로 형상이 저와 같으니라

제칠장 닿소리의 음법과 계급

제일절 닿소리의 음법(音法)

닿소리를 음법에 의지하여 분류(分類)하면 아래와 같으니라

ㅎ ㄱ ㅋ 후음(喉音)
ㄴ ㄷ ㅌ 설음(舌音)
ㅅ ㅈ ㅊ 치음(齒音)
ㅁ ㅂ ㅍ 순음(唇音)
ㅇ 비음(鼻音)

ㄹ 전설음(轉舌音)

당소리를 음법에 의지하여 분류하면 우와 같으니 곧 후음 설음 치음 순음 비음의 다섯음이 분명하니라 혹은 ㄴ 음이나 ㅁ 음을 비음이라 주창하나 그것은 잘못생각 함이니라

ㄴ 음을 하고자 할때에는 혀끝이 ㄴ 형상과 같히 입안천장에 붙었다가 떠러질때에 발음되나니 그런고로 이것은 설음이요 비음은 않히니라

ㅁ 음을 하고자 할때에는 우아래 입살을 ㅁ 형상과 같히 합하였다가 다시 뗄때에 발음되나니 그런고로 이것은 순음이요 비음은 않히니라

ㄴ 음이나 ㅁ 음을 하고자 할때에 비음이 또한 있다하여 이와같은 주창을 하나 그러나 코는 입과 서로 통한 구멍이라 그런고로 엇더한 음이던지 하고자 할때에 흔들니지 않히할수 없나니라

강한 음을 하고자 할새에는 전신(全身)도 흔들니거든 함을며 그 구멍

이 서로 통한 코리요 그런고로 ㅇ 음이라야만 순전한 비음이니 이것은 어듸에든지 의지하지 않이하고 성대(聲帶)로 붙어 코구멍으로 곧게 통하여 발음되난 것이니라

보난이를 위하여 다시 그 계급된 바를 보이노라

제이절 ㅎ ㄱ ㅋ 계급

ㅎ 음보다 더 강한것이 ㄱ 음이며 ㄱ 음보다 더 강한것이 ㅋ 음이니 그런고로 ㄱ 형상에 한획을 더하여 ㅋ 형상을 맨들었나니라

ㅎ 형상은 붓으로 설명함이 충분하지 못한고로 약(略)하노라

제삼절 ㄴ ㄷ ㅌ 계급

ㄴ 음보다 더 강한것이 ㄷ 음이며 ㄷ 음보다 더 강한것이 ㅌ 음이니 그런고로 ㄴ 형상에 한획을 더하여 ㄷ 형상을 맨들었

으며 ㄴ 형상에 두획을 더 하여 ㄷ 형상을 맨들었나니라

제사절 ㅅㅈㅊ 계급

ㅅ 음보다 더 강한것이 ㅈ 음이며 ㅈ 음보다 더 강한것이 ㅊ
음이니 그런고로 ㅅ 형상에 한획을 더 하여 ㅈ 형상을 맨들
으며었 ㅅ 형상에 두획을 더 하여 ㅊ 형상을 맨들었나니라

제오절 ㅁㅂㅍ 계급

ㅁ 음보다 더 강한것이 ㅂ 음이며 ㅂ 음보다 더 강한것이 ㅍ
음이니 그런고로 ㅁ 형상의 우에 두획을 더하여 ㅂ 형상을
맨들었으며 ㅁ 형상의 네귀에 각각 한획식 네획을 더하여 ㅍ
형상을 맨들었나니라

◉ 태극(太極)이 조화(造化)됨이여 동방(東方)이 생겼도다 동방이
생김이여 크나큰 백두산은 높히 솟았고 길고길은 압록강은 쉬임

없히 흘느난도(詩)
우주(宇宙)에 자연성(自然聲)이 있음이여 자연성의 글자가 있도
다 글자가 있음이여 물형이 저와 같도다 물형이 저와 같음이여
오묘(奧妙)함이 극진하도다
검은 구름 흐터짐이여 밝은 달 솟아 나도다 밝은 달 솟아 남이
여 대양(大洋)에 빛이도다 대양에 빛임이여 우아래 한울이로다
정음이 생김이여 모든 백성 질기도다 듣모 백성 질김이여 곳곳
마다 배우도다 곳곳마다 배움이여 우아래 부상이로다

종　편

제일장　단 어 의　총 론(總論)

제일절　단 어(單語)

단어라 하난것은 한 글자로 단순한 뜻을 발표하난 것이니 아래와 같으니라

산　물　사람　집　긔차　륜선

제이절　단 어 의　종 류

단어를 아홉 종류에 논으니 아래와 같으니라

명사(名詞)　대명사(代名詞)　수사(數詞)　동사(動詞)　형용사(形容詞)　부사(副詞)　접속사(接續詞)　감탄사(感嘆詞)

조사(助詞)

제삼절 명사

명사라 하난것은 형체가 있든지 없든지 물론하고 모든 일늠을 말하난것이니 아래와 같으니라

사람 봉황 긔린 강 산 바람 비 서울 집 킈 높이 마음 사랑 정

제사절 대명사

대명사라 하난것은 명사를 대표하여 말하난 것이니 아래와 같으니라

나 너 이 것 긔 리

제오절 수사

수사라 하난것은 물건의 수와 그 순서를 말하난 것이니 아래와 같으

니라

한아 둘 셋 한 두 세 첫재 둘재 셋재

제륙절 동사

동사라 하난것은 사람이나 물건의 동하난 바를 말하난 것이니 아래와 같으니라

초당에서 글을 읽는다

ᄯᅳᆯ에서 운동을 한다

ᄭᅩᆯ에서 나븨가 날는다

우에 보인바 읽는다 한다 날는다 는 동사니라

제칠절 형용사

형용사라 하난것은 명사의 우에나 아래에 두어 그 명사의 셩질이나 형상이나 빗이나 정욕의 모든 ᄯᅳᆺ을 보이난 말이니 아래와 같으니라

강우에 달이 밝다

큰 배가 물에 섯엇다

깃분 소식 사방에서 들닌다

우에 보인바 밝다 큰 깃분 은 형용사이라

제팔절 부사

부사라 하난것은 동사나 형용사나 달는 부사의 뜻을 제한하여 말하난 것이니 아래와 같으니라

오날은 매우 춥다

옷을 닙고 빨니 가자

저사람은 너무 빨니 간다

우에 보인바 매우 빨니 너무 는 부사니라

제구절 접속사

접속사라 하난것은 구절과 구절을 잇난 말이니 아래와 같으니라

네가 올때 달이 솟왔다

ᄭᅩᆾ이 피면 보기 좋겠다

공부를 잘 한고로 문장이 되였다

우에 보인바 떼 면 고로 는 접속사니라

제십절 감탄사

감탄사라 하난것은 즐겁음과 슬픔과 노함의 모든 감정을 표하난 말이니 아래와 같으니라

아 픠 암 응 하 흥

제십일절 조사

조사라 하난것은 설명어를 돕아 완전한 뜻을 표하난 말이니 명사 대명사 동사 형용사에 다 쓰나니라

一 이것은 책 임니다
우는 명사에 쓰난 례

一 그 사람이 나올시다
우는 대명사에 쓰난 례

一 고기를 잡앗음니다
우는 동사에 쓰난 례

一 줄이 너무 굵음니다
우는 형용사에 쓰난 례

제이장 명사의 총론

제일절 명사의 종류

명사를 두 종류로 논으니 특별명사 보통명사니라

제이절 특별명사

특별명사라 하난것은 한 사람이나 한 물건에 한하여 쓰난것이니라

단군 조선 서울 삼각산 윤집 림경업

제삼절 보통명사

보통명사라 하난것은 보통물건의 일늠을 말하난것이니 유형명사(有形名詞) 무형명사(無形名詞)의 두 종류로 논으니라

一 유형명사 해 달 지구

二 무형명사 정 사랑 용맹

제사절 유형명사의 종류

유형명사를 네 종류에 논으니 유수명사(有數名詞) 무수명사(無數名詞) 복합명사(複合名詞) 집합명사(集合名詞)니라

一 유수명사 책 붓 소 말

二 무수명사 물 술 장 기름

三 복합명사 쇠기동 돌문 나무다리

四 집합명사 가족 군대 백성

제오절 무형명사의 종류

무형명사를 두 종류에 논으니 불변체(不變体) 변체(變体)니라

一 불변체 무형명사

지혜 용맹 마음 사랑

二 변체 무형명사는 두 종류로 되니 명동사(名動詞) 명형용사(名形容詞)니라

(가) 명동사

입……입음 먹……먹음 읽……읽음

쓰……씀 가……감 오……옴

막……막기 잡……잡기 뛰……뛰기

괴……괴기 베……베기 지……지기

우에 보인바와 갈히 엇던 동사에든지 음이나 기를 붙이어 명사로 된것을 명동사라 하나니라

그러나 애, 이, 음, 개, 게, 를 각각 붙이어 일정(一定)한 명사를 맨들은 것과는 그 뜻이 전혀 같지 않히하니 그 례를 보이노라

애	막……막애	부치……부채
이	잡……잡이	겪……겪이
음	뛰……뜀	꾸……꿈
개	베……베개	찌……찌개
게	지……지게	집……집게

그 쓰난 법이 같지 않히 한것을 다시 비교하노라

막애가 어듸 있느나

막기가 어듸 있느냐

잡이를 맨들었다

잡기를 맨들었다
뜁을 뛰였다
뛰기를 뛰였다
베개를 베였다
베기를 베였다
지게가 있다
지기가 있다

(나) 명형용사
붉……붉음 푸르……푸름
높……높음 크……큼
길……길기 넓……넓기
검……검기 희……희기

우에 보인바와 같히 엇던 형용사에든지 음이나 기를 붙이어 명사로 된것을 명형용사라 하나니라

명형용사도 또한 일정한 명사로 된것과는 그 뜻이 같지 않히 하니라

제륙절 명사의 변화

명사가 두 종류로 변(變)하니 성(性)과 수(數)니라

一 성이라 하난것은 남녀의 구별과 또 있고 없난 것을 말하난 것이니 양성(陽性) 음성(陰性) 중성(中性) 통성(通性)으로 되니라

(가) 압아님 올압아님 아들 숳

우는 사람이나 즘생이 모다 양성으로 된것이니라

(나) 엄어님 누님 ᄯᅡᆯ 암ㅎ

우는 사람이나 즘생이 모다 음성으로 된것이니라

(다) 조희 책 총 칼

우는 양성도 않히오 음성도 않힌것을 말함이니라

(라) 교사 학생 손님 동생

우는 양성과 음성에 다 쓰난 것이니라

二 수사라 하난것은 사람이나 물건의 수를 말함이니 단수(單數)와 복수(複數)로 되니라

(가) 단수라 하난 것은 한개의 수를 말함이니 아래와 같으니라

아희 채 채상 교의

(나) 복수라 하난 것은 두개이상의 수를 말함이니 아래와 같으니라

아희들 채들 채상들 교의들

우에 보인바와 같히 명사에 들자를 붙이어 복수를 맨들음이 원측인대 만약 명사 우에 수사(數詞)가 잇을 때는 들자를 쓰지 않히 하나니 아래와 같으니라

세아희 일곱반 아홉개

제삼장　대명사의 총론

제일절 대명사의 종류

대명사를 다섯 종류로 논으니 사람(人類) 물건(事物) 장소(場所) 의문(疑問) 관계(關係)니라

제이절 사람 대명사

사람 대명사는 사람의 셩명을 대신하여 말하난 것이니 제일자 제이자 제삼자로 논으니라

一 나 우리

우는 자긔에 대하여 자칭하난 말이니 그런고로 제일자라 하나니라

二 너 너이

우는 달는 사람에 대하여 직접(直接)으로 말하난 것이니 그런고로 제이자라 하나니라

三 이어 저이 그이

우는 달는 사람에 대하여 간접(間接)으로 말하난 것이니 그런고로 제삼자라 하나니라

제삼절 물건 대명사

물건 대명사는 물건의 일늠을 대신하여 말하난 것이니 것 자로 쓰나니라

이것 저것 그것

제사절 장소 대명사

장소 대명사는 장소의 일늠을 대신하여 말하난 것이니 긔, 리 두 글자로 쓰나니라

一 긔

여긔 산이 있오

저긔 물이 있오

거긔 배가 있오

우는 엇던 장소에 물건이 정지하여 있을때 쓰난 말이니라

二 리

이리 오나라

저리 가거라

그리 돌아 오나라

우는 엇던 장소로 물건이 향할때 쓰난 말이니라

제오절 의문 대명사

의문 대명사는 사람 물건 장소 수량(數量) 시긔(時期)의 모든 일늠에 대하여 알지 못할때 쓰난 말이니라

누구 사람에 대하여 쓰난말

무엇 물건에 대하여 쓰난말

어듸 장소에 대하여 쓰난말

얼마 수량에 대하여 쓰난말

원제 시긔에 대하여 쓰난말

제륙절 관계 대명사

관계 대명사는 우에 글구를 대표하여 아래 글구에 잇난 말이니 바ㅣ자로 쓰나니라

만물 중에 사람이 귀한 바ㅣ는 특이한 정신이 있음이니라

제칠절 대명사의 변화

대명사가 세 종류로 변하니 수량(數量) 대우(待遇) 성질(性質)이니라

一 수량의 변화는 명사의 변함과 대저 같으니라

	단수(單數)	복수(複數)
제일자	나	우리
제이자	너	너이들

제삼자 저이 저이들

二 대우의 변화는 년치(年齒)와 계급(階級)을 좃아 네 층으로 되니 라

자칭(自稱)

시생 존칭에 쓸때
제 평교에 쓸때
나 반 하대에 쓸때
나 하대에 쓸때

타칭(他稱)

존장 존칭에 쓸때
로형 평교에 쓸때
자네 반 하대에 쓸때
네 하대에 쓸때

三 셩질의 변화는 세 종류로 되니 양셩 음셩 즁셩이니라

사람에 대하여 쓰난말

잠자 양성
녀자 음성
이 통성

물건에 대하여 쓰난말

암ㅎ 양성
숳 음성
것 통성

제사장 수사의 총론

제일절 수사의 종류

수사를 두 종류로 논으니 개수사(個數詞) 서수사(序數詞)니라

제이절 개수사

개수사는 물건의 개수를 보이난 것이니 명사체(名詞体)와 형용사체(形容詞体)로 되니라

一 명사체

한아 둘 셋 넷 다섯

二 형용사체

한 두 세 네 다섯

제삼절 셔수사

셔수사는 물건의 순셔를 보이난 것이니 물건에 대하여 쓸때는 명사체 개수사에 재를 붙이어 쓰되 날과 달에 대하여는 같지 않히 하나라

一 물건에 대하여 쓸때

첫재 둘재 셋재 넷재 다섯재

二 날에 대하여 쓸때

초하로 초이틀 초사흘 초나흘 초닷세 초엿세 초일헤 초여들헤 초아흘헤 초열흘 보름 금음

三 달에 대하여 쓸때

정월 이월 삼월 사월 오월 류월 칠월 팔월 구월 시월 등지달 섣달

제오장 동사의 총론

제일절 동사의 종류

동사를 세 종류로 논으니 자동(自動) 피동(被動) 행동(行動)이니라

제이절 자동

자동이라 하난것은 자긔의 뜻으로 동하난 것이니 그 동하난 긔운이 달는 물체에 이르난 것을 옴김동사라하고 이르지 않히 하난 것을 않옴김동사라 하나니라

一 옮김동사

친구를 만났다
모자을 벗었디
손을 잡았다
교의에 앉았다
신문을 보았다
잡지를 읽었다

二 않옮김동사

눈이 녹았다
꽃이 피었다
나비가 날는다
음식이 식었다
차물이 늙었다
달이 솟았다

제삼절 피동

피동이라 한난것은 달는 물체의 동함을 받아 동하난것이니라

노루가 맞왔다

범이 잡히었다

다리가 걸니었다

발이 밟히었다

아기가 안기었다

의른이 업히었다

제사절 행동

행동이라 하난 것은 자긔의 릉력으로 달는 물체를 동하게 하난 것이니라

모자를 벗기었다

눈을 녹이엿다
연을 날니엿다
음식을 식히엿다
곰을 놀니엿다
사람을 살니엿다

제오절 시긔(時期)

시긔라 하난것은 동하난 때를 말함이니 유긔조사(有期助詞)를 붙이어 과거(過去) 현재(現在) 미래(未來)를 표하고 다음에 무긔조사(無期助詞)를 붙이어 존칭(尊稱) 평교(平交) 반하대(半下待) 하대(下待)의 네 계급으로 표하나니라

一 유긔조사

왓、엇、엿　　과거(過去)

은、는　　현재(現在)

겠 미래(未來)

二 무긔조사

음니다 — 존칭

으오 — 평교

네 — 반하대

다 — 하대

(가) 존칭

글을 읽었음니다

글을 읽음니다

글을 읽겠음니다

(나) 평교

글을 읽었오

글을 읽으오

글을 읽겠오

(다) 반하대
글을 읽었네
글을 읽네
글을 읽겠네
(라) 하대
글을 읽었다
글을 읽는다
글을 읽겠다
조사를 제십장에서 말하였음으로 례만 들어 쓰노라

제륙절 변체

변체(變体)는 세 종류로 논으니 명동사(名動詞) 형동사(形動詞) 부동사(副動詞)니라

一 명동사라 하난것은 동사가 명사로 됨을 말함이니 음 이나 기를

붙이어 짓나니라

(가) 음을 붙인 명동사

주……………………줌

받……………………받음

쉬……………………쉬음

함……………………함

(나) 기를 붙인 명동사

오……………………오기

놀……………………놀기

굳……………………굳기

웃……………………웃기

二 형동사라 하난것은 동사가 형용사로 됨을 말함이니 은, 난, 을, 을 각각 붙이어 과거 현재 미래를 표하나니라

돋은 달 과거

돋난 달 현재
돋을 달 미래
읽은 책 과거
읽난 책 현재
읽을 책 미래
온 사람 과거
오난 사람 현재
올 사람 미래
간 사람 과거
가난 사람 현재
갈 사람 미래

三 부동사라 하난것은 동사가 부사로 됨을 말함이니 어, 게 를 붙이어 쓰나니라

(가) 어 를 붙인 부동사

옷을 입어 보아라

깔을 걷어 주시오

책을 덮어 두시오

지구가 돌아 간다

이것을 맡아 두시오

나물을 캐여 먹었다

아, 어, 여, 는 다 일반이니 발음의 편리를 좇아 쓰나니라

그런고로

ㅏ ㅑ ㅗ ㅛ ㅘ 음 아래에는 아를 쓰고

ㅓ ㅕ ㅜ ㅠ ㅡ ㅣ ㅝ 음 아래에는 어를 쓰고

ㅐ ㅔ ㅚ ㅟ ㅢ 음 아래에는 여를 쓰나니라

(나) 게를 붙인 부동사

교의에 앉게 하시오

이리로 오게 불느어라

핑구를 돌니게 주시오
술이 깨게 차를 주어라
손을 씻게 물을 부어라
일을 하게 하여라

제륙장 형용사의 총론

제일절 형용사의 종류

형용사을 다섯 종류로 논으니 성질(性質) 상태(狀態) 수량(數量) 지정(指定) 부정(不定)이니라

제이절 성질형용사

성질형용사는 사람이나 물건의 모든 성질을 말하난 것이니라

악한 사람
착한 사람

사납은 개
순한 개

제삼절 상태형용사

상태형용사는 사람이나 물건의 모든 상태를 말하난 것이니라

높은 산
깊은 굴
푸른 닢
븕은 ᄉᆡᆷ

제사절 수량형용사

수량형용사는 사람이나 물건의 모든 수량을 말하난 것이니 정수(定數)와 부정수(不定數)의 두 류종로 되니라

一 정수

한、두、세、네

二 부정수

여러、몇、모든、많은、적은

제오절 지정형용사

지정형용사는 사람이나 물건에 대하여 확실히 지정하난 것이니 권칭(近稱) 중칭(中稱) 원칭(遠稱) 인칭(引稱)의 네 종류로 되니라

一 이 권칭

여긔 있난 이 책을 보시오

二 그 중칭

거긔 있난 그 책을 보시오

三 저 원칭

저긔 있난 저 책을 보시오

四 그 인칭

어제 보든 그 책이 져긔 있오

제륙절 부정형용사

부정형용사는 사람이나 물건에 대하여 확실히 지정하지 못하고 의혹이 생길 때에 말하난 것이니 어느、무슨、엇던、의 세 종류로 쓰나니라

一 어느

어느 사람이 제일 크오

어느 소가 로형의 것이요

어느 책을 보시겠오

우는 많은 물건 중에서 가리어 낼때 쓰난 말이니라

二 무슨

무슨 소리가 사방에서 들닌다

무슨 일이 종로에서 났다

무슨 것을 가지고 갓나
우는 사물(事物)의 내용(內容)을 알지 못할 때에 쓰난 말이니라
三 엇던
엇던 사람을 보앗오
엇던 집을 사랏오
엇던 것을 좋아 하오
우는 사물(事物)이 엇더하게 된것을 말 할때에 쓰난 것이니라

제칠절 변체

변체가 세 종류로 되니 명형용사(名形容詞) 동형용사(動形容詞) 부형용사(副形容詞)니라

一 명형용사는 형용사가 명사로 됨을 말함이니 음 이나 기 를 붙이어 쓰나니라

굳..........굳음

갈…………갈음
주…………줌
희…………희기
검…………검기
붉…………붉기

二 동형용사는 형용사가 동사로 몸을 일합하나 조사를 붙이어 쓰나니라

크…………크었다
크…………크이는다
크…………크겠다
붉…………붉었다
붉…………붉는다
붉…………붉겠다

三 부형용사는 형용사가 부사로 몸을 일합하나 게 나 히 를 붙이어

징나니라

얇……………얇게

엷……………엷게

희……………희게

깊……………깊히

얕……………얕히

많……………많히

제칠장 부사의 총론

제일절 부사의 종류

부사의 종류가 심히 많으나 대략 여덟 종류로 논으니 아래에 보이노라

제이절 장소부사

장소부사(場所副詞)는 그 방향에 의지하여 같지 않히 하니라

一 정지(停止)의 뜻을 보일때
여긔 권칭(近稱)
거긔 중칭(中稱)
져긔 원칭(遠稱)
거긔 인칭(引稱)

二 진행(進行)의 뜻을 보일때
이리 권칭
그리 중칭
저리 원칭
그리 인칭

三 부정(不定)의 뜻을 보일때
어듸

四 원권(遠近)의 뜻을 보일때
갓가히

멀니

제삼절 시긔부사

시긔부사는 그 시긔에 의지하여 같지 않히 하니라

一 과거(過去)의 뜻을 보일때
　발서 아가 전에

二 현재(現在)의 뜻을 보일때
　지금 막 이제

三 미래(未來)의 뜻을 보일때
　다음에 미구에 장차

四 장시(長時)의 뜻을 보일때
　늘 작구

五 단시(短時)의 뜻을 보일때
　곧 잠간

六 시긔의 연폭됨을 보일때
자조자조 드믄드믄 다시

七 의외의 뜻을 보일때
우연히 의외에 별안간에

제사절 도량부사

도량부사는 사물(事物)의 많고 적음과 맞고 않맞음에 의지하여 같지 않히 하나니라

一 적도(適度)의 뜻을 보일때
고루게 잘 알맞게

二 부족(不足)의 뜻을 보일때
겨우 단지

三 과도(過度)의 뜻을 보일때
넘우 더 심히

四 소수(少數)의 뜻을 보일때

조금

五 다수(多數)의 뜻을 보일때

많히

제오절 성질부사

성질부사는 사물(事物)의 성질에 의지하여 갈지 않히 하나라

一 응낙(應諾)의 뜻을 보일때

네 물론

二 반대(反對)의 뜻을 보일때

않히

三 결심(決心)의 뜻을 보일때

결단코

四 능력(能力)의 뜻을 보일때

릉히

五 무릉(無能)의 뜻을 보일때

못

六 진정(眞情)의 뜻을 보일때

참

七 가정(假定)의 뜻을 보일때

가령

八 의혹(疑惑)의 뜻을 보일때

아마

九 방법(方法)의 뜻을 보일때

이러케 그러케 저러케

제륙절 상태부사

상태부사는 사물(事物)의 상태에 의지하여 같지 않히 하니라

펄펄
훨훨
죽죽
퀄々
빙글빙글
아장아장
옷둑옷둑
빗슬빗슬

제칠절 부명사(副名詞)

부명사는 명사가 부사로 된것이니라

때때로 시시로 번번히 달달히

제팔절 부동사(副動詞)

부동사는 동사가 부사로 된것이니라

가게 오게 먹게 입게

제구절 부형용사(副形容詞)

부형용사는 형용사가 부사로 된것이니라

짜게 승겁게 깊이 높히

제십절 변화

대답에 대하여 계급적 변화가 있으니 아래와 같으니라

네 존칭

예 평교

응 반하대

그래 하대

제팔장 접속사의 총론

제일절 접속사의 종류

四 소수(少數)의 뜻을 보일때

조금

五 다수(多數)의 뜻을 보일때

많히

제오절 성질부사

성질부사는 사물(事物)의 성질에 의지하여 같지 않히 하나라

一 응낙(應諾)의 뜻을 보일때

네 물론

二 반대(反對)의 뜻을 보일때

않히

三 결심(決心)의 뜻을 보일때

결단코

四 릉력(能力)의 뜻을 보일때

릉히

五 무릉(無能)의 뜻을 보일때

못

六 진정(眞情)의 뜻을 보일때

참

七 가정(假定)의 뜻을 보일때

가령

八 의혹(疑惑)의 뜻을 보일때

아마

九 방법(方法)의 뜻을 보일때

이러케 그러케 저러케

제륙절 상대부사

상대부사는 사물(事物)의 상대에 의지하여 같지 않히 하니라

펄펄
훨훨
죽죽
퀄々
빙글빙글
아장아장
옷둑옷둑
빗슬빗슬

제칠절 부명사(副名詞)

부명사는 명사가 부사로 된것이니라
때때로 시시로 번번히 달달히

제팔절 부동사(副動詞)

부동사는 동사가 부사로 된것이니라

가게 오게 먹게 입게

제구절 부형용사(副形容詞)

부형용사는 형용사가 부사로 된것이니라

짜게 승겁게 깊이 높히

제십절 변화

대답에 대하여 계급적 변화가 있으니 아래와 같으니라

네 존칭

예 평교

응 반하대

그래 하대

제팔장 접속사의 총론

제일절 접속사의 종류

접속자의 종류는 단자(單字)와 첩자(疊字)의 두 종류로 되니라

제이절 단자접속사

一 고

닢은 없고 꽃은 피였다

한울은 길고 땅은 넓다

우의 문구가 마치고 아래 문구가 생길때 쓰난것

一 며, 으며

말이 뛰며 소리를 질는다

한편은 붉으며 한편은 푸르다

우 아래 문구가 서로 생길때 쓰난것

一 나, 으나

너는 가나 나는 못 가겠다

그것은 크나 이것은 적다

우 아래 문구가 서로 반대 될때 쓰난것

一 어도

먹어도 고프다

길어도 못 쓰겟다

행하여도 불합한 경우가 있을때 쓰난것

一 을사록

볼사록 보고십다

적을사록 아람답다

행할사록 더욱 욕망(慾望)이 생길때 쓰난것

一 때

원산으로 갈때 차에서 보왓오

빗이 흴때 물색을 드려라

동작(動作)이나 상태(狀態)의 시긔를 말할때 쓰난것

一 면、으면

쏫이 피면 향긔롭다
영웅이 있으면 룡마가 나오겠다

一 가정의 뜻을 보일때 쓰난것

을지라도

너는 나를 바릴지라도 나는 너를 사랑한다
닢은 푸를지라도 무방하다

양여(讓與)의 뜻을 보일때 쓰난것

一 고로

글을 읽은 고로 알왔다
글을 읽난 고로 못 가겠다
글을 읽겠난 고로 이곳에 왔다
저 나무는 큰 고로 집재목이 되였다
저 나무는 날마다 크난 고로 장차 한울을 괴겠다
저 나무는 크겠난 고로 사랑한다

이유의 뜻을 보일때 쓰난것

제삼절 쳡자졉속사

一 나、나

소경은 자나 깨나 한 모양이다

그것은 크나 적으나 일반이다

한 모양의 뜻을 보일때 쓰난것

一 다、다

눕었다 앉았다 한다

붉다 푸르다 한다

두 일이 한 때에 생길때 쓰난것

一 든지、든지

가든지 오든지 마음대로 하시오

승겁든지 짜든지 관계 말으시오

一 수의(隨意)의 뜻을 보일때 쓰난것
을가、 을가
읽을가 말가 한다
클가 적을가 입니다
의혹(疑惑)의 뜻을 보일때 쓰난것
一 으락、 으락
오락 가락 한다
붉으락 푸르락 한다
일정(一定)한 방향이 없을때 쓰난것

제구장 감탄사의 총론

제일절 감탄사의 종류

감탄사는 오작 언정(人情)의 감동에 의지하여 발표되난 성조(聲調)라
그런고로 그 감정에 의지하여 구별되나니라

一 아
깃분 뜻을 보일때

二 응
불합한 뜻을 보일때

三 에그
척은(惻隱)한 뜻을 보일때

四 애고
슬픈 뜻을 보일때

五 아야
고통(苦痛)의 뜻을 보일때

六 피
멸시(蔑視)의 뜻을 보일때

七 암
합의(合意)의 뜻을 보일때

八 어

랑패(狼狽)의 뜻을 보일때

九 자

재촉하난 뜻을 보일때

十 앗다

무익(無益)한 뜻을 보일때

제십장 조사의 총론

제일절 조사의 종류

조사가 두 종류로 되니 유긔조사(有期助詞)와 무긔조사(無期助詞)니라

제이절 유긔조사

유긔조사라 하난것은 과거(過去) 현재(現來) 미래(未在)의 삼긔(三

期)로 논으어 설명어(說明語)의 동작하난 때를 표하난 것이니라

왓, 엇, 엿 과거

은, 는 현재

겟 미래

과거가 왓, 엇, 엿, 세 글자로 된것은 우의 글자와 서로 연할때에 발음상 편리함을 좇음이니 그 쓰난 법을 뵈이노라

ㅏ ㅑ ㅗ ㅛ 음의 아래에는 왓을 씀

ㅓ ㅕ ㅜ ㅠ ㅡ ㅣ 음의 아래에는 엇을 씀

ㅐ ㅔ ㅚ ㅟ ㅢ 음의 아래에는 엿을 씀

ᄒᆞ 음은 특히 허약(虛弱)한 고로 ᄒᆞ 음 아래에 엿을 붙이어 쓰나니라

현재가 은, 는 두 글자로 된것도 발음상 편리로 된것이니 우의 글자가 바침이 있을 때는 는을 쓰고 바침이 없을 때는 은을 쓰나니라

동사에 쓰난 유긔조사

ㅏ 음에 쓰난 았

천리마가 자았다

주인이 잡았다

그 사람이 타았다

ㅗ 음에 쓰난 았

지구가 돌았다

봄이 오았다

장안 호걸을 다모았다

ㅓ 음에 쓰난 었

흑운이 벗었다

ᄇᆞᆰ을 걷었다

초목도 찟었다

ㅕ 음에 쓰난 었

만고풍생 겪었다
이리저리 엮었다
똑바로 켜졌다

ㅜ 음에 쓰난 었
큰 고기를 물었다
든든히 두었다
모든 사람 웃었다

ㅡ 음에 쓰난 었
뜰을 쓸었다
봉황이 뜨었다
시를 읊었다

ㅣ 음에 쓰난 었
귀를 씻었다
달이 가지에 걸니었다

만나기를 빌었다

ㅓ 음에 쓰난 었

화려하든 우리집 한조각 연긔에 쉿지 저리 걸었노

불상한 저 고아 권권히 먹을 것을 빌었다

이와 같은 세월은 전에도 없었다

ㅐ 음에 쓰난 엿

청산에 록수를 대엿다

명월로 공산을 채엿다

버들가지에 노새들 매엿다

ㅔ 음에 쓰난 엿

달을 억개에 매엿다

별을 낫낫히 세엿다

담베 불에 데엿다

ㅚ 음에 쓰난 엿

태산으로 괴엿다
반석이 되엿다
사방으로 외엿다

ㅟ
음에 쓰난 엿
두루처 쥐엿다
바위가 휘엿다
계가 ᄭᅭ리를 치며 ᄯᅱ엿다

ㅢ
음에 쓰난 엿
석탄으로 믜엿다
고루고루 픠엿다
문서를 의엿다

하
음에 쓰난 엿
산 넘기를 하엿다
물 ᄯᅱ기를 하엿다

평생사업 하엿다

二 형용사에 쓰난 유긔조사

ㅏ 음에 쓰난 앗‖

달이 밝앗다

마음도 맑앗다

ㅑ 음에 쓰난 얏‖

백지보다 얇얏다

무엇 같히 약얏다

ㅗ 음에 쓰난 앗‖

활살 같히 곧앗다

태산보다 높앗다

ㅓ 음에 쓰난 엇‖

몹서 얽엇다

대단 젊엇다

ㅜ 음에 쓰난 었‖
너무 묵었다
매우 굳었다
ㅡ 음에 쓰난 었‖
시간이 늦었다
세월이 빨느었다
ㅣ 음에 쓰난 었‖
길이만 길었다
속은 비었다
ㅓ 음에 쓰난 었‖
넓이가 적었다
틈이 벌었다
지척난번 그안개 원제 저리 개엿노
하로밤 눈에 웟지 저리 희엿나

유긔조사는 시긔만 표할뿐이라 그런고로 유긔조사 아래에 무긔조사를 반다시 붙이나니라

제삼절 무긔조사

무긔조사라 하난것은 시긔가 있난 설명어에든지 시긔가 없난 설명어에든지 다 붙이어 쓰나니 직설법(直說法) 의문법(疑問法) 자문법(自問法) 공동법(共動法) 명령법(命令法)이 각각 있어 존칭(尊稱) 평교(平交) 반하대(半下待) 하대(下待)의 네 계급으로 되나니라

一 직설법에 쓰난 무긔조사

(가) 명사에 붙이어 쓰난것

임니다 (존칭)

이 것이 말임니다

저 것은 솜니다

이요 (평교)

이 것이 말이요
저 것은 소요

일세 (반하대)

이 것이 말일세
저 것은 솔세

이다 (하대)

이 것이 말이다
저 것은 소다

(나) 대명사에 붙이어 쓰난것

임니다 (존칭)

그 사람이 남니다
오든 사람이 이임니다

이요 (평교)

그 사람이 나요

오든 사람이 이이요
일세 (반하대)
그 사람이 날세
오든 사람이 이일세
이다 (하대)
그 사람이 나다
오든 사람이 이이다

(다) 동사에 붙이어 쓰난것

음니다 (존칭)
구름이 개였음니다
구름이 낌니다
구름이 개겠음니다
오 (평교)
구름이 개였오

구름이 개오
구름이 개겟오
네 (반하대)
구름이 개엿네
굴음이 개네
구름이 개겟네
다 (하대)
구름이 개엿다
구름이 갠다
구름이 개겟다

존칭 평교 반하대의 세 계급에는 현재로 될때에 유긔조사를 붙이지 안코 하나니라

(라) 형용사에 붙이어 쓰난것

음니다 (존칭)

달이 밝앗음니다
달이 밝음니다
달이 밝겟음니다
오、으오 (평교)
달이 밝앗오
달이 밝으오
달이 밝겟오
네 (반하대)
달이 밝앗네
달이 밝네
달이 밝겟네
다 (하대)
달이 밝앗다
달이 밝는다

달이 밝겠다

二 의문법에 쓰난 무긔조사

(가) 명사에 붙이어 쓰난것

임닛가 (존칭)

저 것이 봉황임닛가

이 것이 잉엄닛가

이요 (평교)

저 것이 봉황이요

이 것이 잉어요

인가 (반하대)

저 것이 봉황인가

이 것이 잉언가

이냐 (하대)

저 것이 봉황이냐

이것이 잉어냐

(나) 대명사에 붙이어 쓰난것

저 사람이 누굼닛가 임닛가 (존칭)

그 책이 이것임닛가 이요 (평교)

저 사람이 누구요

그 책이 이것이요 인가 (반하대)

저 사람이 누군가

그 책이 이것인가 이냐 (하대)

저 사람이 누구냐

그 책이 이것이냐

(다) 동사에 붙이어 쓰난것

시옵닛가、 으시옵닛가 (존칭)

잡으시엿옵닛가══잡으셧옵닛가

잡으시옵닛가══잡으십닛가

잡으시겟옵닛가

옵닛가 (평교)

잡앗옵닛가

잡옵닛가

잡겟옵닛가

나 (반하대)

잡앗나

잡나

잡겟나

느냐 (하대)

잡앗느냐
잡느냐
잡겟느냐

(라) 형용사에 붙이어 쓰난것

음닛가 (존칭)
이 것이 좋음닛가
저 것이 큼닛가

오, 으오 (평교)
강물이 맑으오
그 맛이 짜오

은가 (반하대)
한울이 푸른가
한울이 높은가

냐, 으냐 (하대)

저 산이 얕으냐

그 굴이 깊으냐

三 자문법에 쓰난 무긔조사

랍닛가、으랍닛가 (존칭)

먹으랍닛가

주랍릿가

릿가、으릿가 (평교)

먹으릿가

주릿가

을가 (반하대)

먹을가

줄가

랴、으랴 (하대)

먹으랴

주랴

四 공동법에 쓰난 무긔조사

시읍시다、으시읍시다 (존칭)

공원으로 가시읍시다‖가십시다

교의에 앉으시읍시다‖앉으십시다

읍시다 (평교)

공원으로 갑시다

교의에 앉읍시다

세 (반하대)

공원으로 가세

교의에 앉세

자 (하대)

공원으로 가자

교의에 앉자

五 명령법에 쓰난 무긔조사

시옵시오、으시옵시오 (존칭)

기둥을 세우십시오

이 짐을 맡으십시오

시오、으시오 (평교)

기둥을 세우시오

이 짐을 맡으시오

게 (반하대)

기둥을 세우게

이 짐을 맡게

아라、어라、여라、거라、나라 (하대)

최후 행복 받아라

못된 욕망 잊어라

자긔 사업 하여라

앞닫 보고 가거라
내게로 오나라

하 편

제일장 글의 총론

제일절 글의 종류

글이라 하난것은 많은 단어(單語)를 모도아 뜻을 발표하난 것이니라 그런고로 그 조직됨에 의지하여 사(詞) 구(句) 절(節) 장(章) 편(篇)으로 되니라

一 사(詞)라 하난 것은 한 글자로 단순한 뜻을 발표하난 것이니라

二 구(句)라 하난 것은 몇개의 사(詞)를 모도아 한 글을 지은 것이니라

三 절(節)이라 하난 것은 몇개의 구(句)를 모도아 한 글을 지은 것이니라

四 장(章)이라 하난 것은 몇개의 절(節)을 모도아 한 글을 지은 것

이나라

五 편(篇)이라 하난 것은 몃개의 장(章)을 모도아 한 글을 짓은 것이니라

제이절 구(句)의 조직

구를 조직하고자 할때는 먼저 완전한 격(格)을 구하나니 만약 그 격(格)이 분명하지 못할때는 의사의 발표가 또한 완전하지 못하나니라

조선 글은 발음법만 세계에 특이 할뿐 아니라 그 격(格)이 또한 분명하니

호격(呼格) 주격(主格) 령격(領格) 원격(願格) 여격(與格) 역격(役格) 대격(對格) 비격(比格) 의격(疑格)으로 되나니라

一 아、야、이、 (호격)

복동아‖ 어듸로 가느냐

돌쇠야‖ 갈히 가자

재복이‖ 쌀니 오게
세월아‖ 가지 말아라
소년남녀야‖ 사업 하여라
애민이‖ 무엇을 하나

二 이, 가 (주격)

범이‖ 소리를 질는다
고래가‖ 물에서 뛴다

주격이 이, 가‖ 두 자로 된것은 두 홀소리가 서로 열할때에 발음에 불편이 생기난 연고니 아래의 각격(各格)도 또한 같으며 특히 나, 너, 저, 세 글자에는 ㅣ 음을 더하여 내가, 네가, 제가, 로 쓰나니라

三 의 (령격)

이 것이 누구의 책이냐
저 것은 이 아희의 것이다

득히 나、너、저、세 글자에는 ㅣ음만 더하여 내、네、제、로 쓰나니라

혹은 ㅅ음으로 령격을 맨들어 아래와 같히 쓰나니 읽난이는 깊히 생각할바니라

례

술ㅅ집 (酒家)
솔ㅅ방울 (松子)
일ㅅ전 (日前)
안ㅅ방 (內室)

우와 같히 례를 들어 말을하나 저자(著者)의 생각으로는 절대로 불가하니라

ㅅ음은 홀로 발음하지 못하난 당소리니 발음도 못하거든 엇지 뜻이 있난 글자가 되리오

우와 같히 발음이 되난 것은 중로에 우리 글을 규칙적으로 잘 인

구히지 않히한 까닭이니라
이러한 례가 심히 많으니 첫재로 말하면 발음도 완전히 못하여 다댜더뎌를 다자더저로 라랴러려를 나냐너녀로 사샤서셔를 사사서서로 자쟈저져를 자자저저로 차챠처쳐를 차차처처로 타탸터텨를 타차터처로 읽었으며 둘재는 글자의 바침도 알지 못하여되 난대로 쓰었으며 이 외에도 말할수 없난 경위가 많으니라 길게 말할것 없히 우리 글은 쌍놈의 글이라하여 원문(諺文)이라 하였고 한문(漢文)은 썩어진 양반의 글이라하여 진서(眞書)라 하였나니라
만일 이곳에 본심(本心)을 잃지 않히한 썩어진 선비가 있다 하면 그분네의 얼골에는 붓그럽은 빛이 가득 할것이요 그분네의 이마에는 놀난 땀이 줄줄 흘늘것이니라
혹자의 말과 같히
술ㅅ집(酒家)을 주창할진대

떡ㅅ집(餠家)은 엇지 하여 떡집이라 하며
솔ㅅ방울(松子)을 주창할진대
밤ㅅ송이(栗子)는 엇지 하여 밤송이라 하며
일ㅅ전(日前)을 주창할진대
년ㅅ전(年前)은 엇지 하여 년전이라 하며
안ㅅ방(內室)을 주창할진대
사랑ㅅ방(客室)은 엇지 하여 사랑방이라 하나뇨
이러한 대조표(對照表)를 보난이는 반다시 엇더한 감상이 있을
이로다 더 말하지 않고 후일을 기다리노라

四 을, 를(원격)
저 사람이 소를 샀다
나는 말을 사겠다

五 에게(외격)
이 편지(片紙)를 남서방에게 전하사오

이 사진을 저 사람에게 주시오

특히 나, 너, 저, 세 글자에는 ㅣ음을 더하여 내게, 네게, 제게, 로 쓰나니라

六 로, 으로 (여격)

콩으로 메주를 쑤어라

나무로 다리를 놓았다

七 대격은 세 종류로 되니라

(가) 에

산에 옥이 있다

물에 산호가 있다

특히 나, 너, 저, 세 글자에는 ㅣ음을 더하여 내게, 네게, 제게, 로 쓰나니라

우는 정지(停止)의 뜻을 보일때 쓰난것

(나) 로, 으로

긔차가 경성으로 온다
사람들이 정거장으로 간다
특히 나、너、저、세글자에는 ㅣ음을 더하여 내게로、네게로、제게로、로 쓰나니라
우는 진행(進行)의 뜻을 보일때 쓰난것

(다) 에서
고목에서 싹이 나온다
땅에서 물이 솟았다
꼿속에서 나븨가 잠을 잔다
줄에서 광대가 뜀을 뛴다
특히 나、너、저、세 글자에는 ㅣ음을 더하여 내게서、네게서、제게서、로 쓰나니라
우는 엇더한 범위(範圍)안에서 활동하거나 혹 나오거나 하난 뜻을 보일때 쓰난것

八 비겨은 여섯 종류로 되니라

(가) 만

나만 가겠다

너만 보아라

우는 분리(分離)의 뜻을 보일때 쓰난것

(나) 와、 과

너와 나는 그 누구냐

바람과 비를 다 가졌다

우는 연합(連合)의 뜻을 보일때 쓰난것

(다) 은、 는

키는 적으나 얼골은 큶다

꼴은 붉으나 닢은 푸르다

우는 반대(反對)의 뜻을 보일때 쓰난것

(라) 도

네가 가면 나도 가겟다
산도 높고 물도 깊다
우는 동의(同意)의 뜻을 보일때 쓰난것

(마) 나, 이나

떡이나 과실이나 마음대로 자시오
연필이나 철필이나 아모 것이나 주시오
우는 수의(隨意)의 뜻을 보일때 쓰난것

(바) 든지, 이든지

떡이든지 과실이든지 다 먹겟다
집이든지 밭이든지 다 사겟다
우는 혼합(混合)의 뜻을 보일때 쓰난것

九 인지 (의격)

팔인지 콩인지 알수 없다
누군지 문을 두다리오

무엇인지 뚝뚝 떠러지오

제삼절 구(句)의 성분

구(句)의 성분(成分)을 네 종류로 논으니 주어(主語) 설명어(說明語) 객어(客語) 보조어(補助語)니라

一 주어

달이 매우 밝다

개가 짖는다

주어라 하난 것은 엇던 글구에서든지 주위(主位)에 있난것을 말하난 것이니 우와 같히 말할 때는 달, 개 는 주어니라

二 설명어

소가 크다

말이 온다

설명어라 하난것은 주어의 동작(動作)이나 상태(狀態)를 말하난

것이니 우와 갓히 말할 때는 크다、온다 는 설명어니라

三 객어

학생이 그림을 그린다

그 것을 저 사람에게 주었다

객어라 하난 것은 주어의 동작을 받난 말이니 우와 갓히 말할 때는 그림、사람 은 객어니라

四 보조어

큰 아희가 굵은 나무를 깁히 심었다

보조어라 하난 것은 주어나 객어나 설명어의 모든 뜻을 더 보조하여 말하난 것이니 우와 갓히 말할 때는 큰 은 주어를 보조한 것이며 굵은 은 객어를 보조한 것이며 깁히 는 설명어를 보조한 것이니라

제사절 구(句)의 성질

구의 성질(性質)이 조직에 의지하여 직설법(直說法) 가설법(假說法) 전설법(傳說法) 가릉법(可能法) 무릉법(無能法) 불위법(不爲法) 유한법(有限法) 무한법(無限法) 공동법(共動法) 명령법(命令法) 자문법(自問法) 의문법(疑問法)이 각각 있나니라

一 직설법

배가 온다

물이 깊다

직설법은 주어의 동작이나 상태를 직설(直說)하난 것니라

二 가설법

배가 오면 타겠다

물이 깊으면 고기가 많겠다

우는 미래를 가정하여 말하난 것이니라

어제 왔드면 사왔겠다

그 사람이 갈때 같히 가드면 보왔겠다

우는 과거를 가정하여 말한 것이니라
가설법은 주어의 동작이나 상태를 가정하여 말하난 것이니 접속
사 면 자를 붙이어 짓나니라

三 전설법
가겠다고 한다
가자고 한다
가라고 한다
가릿가고 한다
가겠느냐고 한다
전설법은 남의 동작이나 상태를 전하난 말이니 고 자를 붙이어
짓나니라

四 가릉법
공중에서 릉히 댕긴다
그 일이 잘 되겠다

가릉법은 주어의 유력함을 말하난 것이니 릉력을 표시하난 부사를 붙이어 짓나니라

五 무릉법

그 사람은 못 오겠다

저 물은 못 막겠다

무릉법은 주어의 무력함을 말하난 것이니 부사 못 자를 붙이어 짓나니라

六 불위법

이 아희는 않히 읽는다

너도 않히 읽겠느냐

불위법은 주어의 릉력이 있으나 하지 않히 함을 말함이니 부사 않히 자를 붙이어 짓나니라

七 유한법

그 사람은 래일 오겠다

이 아희는 어제 왔다

유한법은 주어의 설명이 일정한 시긔가 있을때에 말하난 것이니 시긔 부사를 붙이어 쓰나니라

八 무한법

그 사람은 가겠다

이 아희는 왔다

무한법은 주어의 설명이 일정한 시긔가 없을 때에 말하난 것이니 시긔 부사를 붙이지 않고 쓰나니라

九 공동법

싸리를 쥐십시다

노를 저십시다

공동법은 주어의 동작과 같히 하난 것이니라

十 명령법

이 쌀을 씻게

저 것은 꺾지 말게
명령법은 주어가 객어에 대하여 명령을 주난 것이니라

十一 자문법
쌀을 주릿가
돈을 주릿가
자문법은 자긔의 동작을 스사로 행하지 못하고 남에게 알아 보난 것이니라

十二 의문법
사슴의 알이 얼마나 크냐
계가 꾜리를 치느냐
얐은 것이 무엇이냐
그것이 앵무샌가
의문법은 주어의 동작이나 상태나 또는 주어가 무엇인지 알지 못할 때에 쓰난 말이니라

제오절 구의 종류

구(句)의 종류를 둘에 논으니 한아로 된 주어를 단구(單句)라 하며 둘이상으로 된 주어를 복구(複句)라 하나니라

一 단구

바람이 불었다

비가 온다

ᄭᅩᆯ이 피었다

二 복구

지렁이는 지네를 잡고 ᄲᅧᆼ은 굴엉이를 잡는다

버들가지에서는 ᄭᅬᄭᅩᆯ이가 춤을 추며 ᄭᅩᆯ송이에서는 나븨가 잠을 잔다

창검 같은 산 봉아리 한울을 괴여 섰고 비단 같은 물결은 산울 둘너 흘느도다

복구(複句)는 몃개의 단구(單句)를 합하여 된것이라 그런고로 그조직에 의지하여 주구(主句) 속구(屬句) 독립구(獨立句)의 구별이 잇나이라

一 주구

속구 / 주구

뿌리가 깊어야 가지가 무성하겟다

속구 / 주구

물이 맑으면 고기가 없다

주구라 하난 것은 우에 보인 바와 갈히 주위(主位)에 잇난 것을 말함이니라

二 속구

속구 주구

눈이 오면 경치가 좋다

속구 주구

한울이 맑고 달이 밝으면 장부의 심회가 산난하다

속구라 하난것은 우에 보인바와 같히 주구에 속한 것을 말함이니라

三 독립구

독립구 독립구

사람도 써들고 개도 짓는다

독립구 독립구 독립구

닢은 푸르고 꽃은 붉고 향긔는 아람답다

독립구라 하난것은 우에 보인바와 같히 주구나 속구의 구별이 없고 각각 독립한 것을 말함이니라

제칠절 구의 배치법

구(句)의 배치법(排置法)은 글자와 글자를 배치하든지 구와 구를 배치하난 법이니 단구(單句)의 배치법과 복구(複句)의 배치법이 있나니라

제팔절 단구의 배치법

단구의 배치법을 네 종류로 논으니 순치법(順置法) 역치법(逆置法) 도치법(倒法置) 란치법(乱置法)이니라

一 순치법

주어	객어	설명어
아희가	책을	샀오

우는 순치법이니 어주가 먼저 되고 객어가 다음에 되고 설명어가 막음에 됨이니라

二 역치법

객어 주어 설명어
책을 아희가 샀오

우는 역치법이니 객어가 먼저 되고 주어가 다음에 되고 설명어가 막음에 됨이니라

三 도치법

설명어 객어 주어
샀오 책을 아희가

우는 도치법이니 주어와 설명어의 위치를 전혀 뒤집어 씀이니라

四 란치법

주어 설명어 객어
아희가 샀오 책을

객어 설명어 주어
책을 샀오 아희가

설명어 주어 객어
샀오 아희가 책을

우는 란치법이니 일정(一定)한 순서가 없음이니라
순치법과 역치법은 보통작문(作文)에 쓰고 도치법과 란치법은 시가(詩家)에서 많히 쓰나니라

제구절 복구의 배치법

복구의 배치법은 주구와 속구의 경우에 의지하여 같지 않히 하나 복구가 모다 주구로 될때는 그 배치에 대하여 우 아래의 구별이 없으되 만약 주구와 속구가 서로 합하여 될때는 주구의 우에 속구를 둠이 원칙인대 단구의 배치법과 같히 임의(任意)로 쓸수도 있나니라

一 주구와 주구가 합한 배치법

주구 주구
비가 오며 눈이 온다

주구 주구
눈이 오면 비가 온다

二 주구와 속구가 합한 배치법

(가) 주구의 우에 속구를 두난것

속구 주구
동풍이 불면 궂은 비가 오나니라

속구 주구
가을이 되면 한울이 높이니라

(나) 주구의 아래에 속구를 두난것

주구 속구
궂은 비가 오나니라 동풍이 불면

주구 속구
한울이 높이니라 가을이 되면

(다) 주어와 설명어의 사이에 속구를 두난것

궂은 비가 동풍이 불면 오나니라 속구

한울이 가을이 되면 높으니라 속구

우리글자의 초서

우리글을 가라치난 방법은 우에 대강 말삼 하얏거니와 또 초서를 가라치난고로 그것을 아래에 쓰어 보이노라

저자(著者)는 우리글을 물형(物形)으로 풀엇으며 계급(階級)으로 풀엇음으로 그것을 잘 리해하지 못하면 알기 어렵으니 반다시 주의하여 보기를 바라노라

닿소리(子音) 소초 열벗

설음(舌音)	ㄴ	1 + ㄴ = ㄷ	1 + ㄷ = ㅌ
소초	*ㄴ*	1 + *ㄴ* = *n*	1 + *n* = *m*
치음(齒音)	ㅅ	1 + ㅅ = ㅈ	1 + ㅈ = ㅊ
소초	*c*	1 + *c* = *x*	1 + *x* = *xc*

순음(脣音)	ㅁ	2＋ㅁ＝ㅂ	2＋ㅂ＝ㅍ
소초	*v*	1＋*v*＝*w*	1＋*w*＝*w*
후음(喉音)	ㅎ	ㄱ	1＋ㄱ＝ㅋ
소초	*ㅎ*	*γ*	1＋*γ*＝*3*
비음(鼻音)	ㅇ		
소초	*δ*		
뎐셜음(轉舌音)	ㄹ		
소초	*ㄹ*		

홑소리(母音) 소초 여섯

졍자	ㅏ	ㅓ	ㅗ	ㅜ	ㅡ	ㅣ
소초	*a*	*d*	*o*	*p*	*i*	*j*

홑소리 초서는 음조(音調)에 의지하여 되였고
닿소리 초서는 물형(物形)에 의지하여 되였나니 홑소리의 초서가 우와 같히 된바를 대강 말하노라

우에도 말한바어니와 글자라 하난것은 쓰기에 쉽으며 보기에 쉽어야 될것이나 그런고로 쓰기에 쉽고 보기에 쉽자면 불가불 가로 쓰어야 될것이니라

오날날 우리가 쓰난 방법은 대단히 둔하오니 그 둔한 리유를 먼저 말하겟노라

一 첫줄을 쓰고 둘재줄을 쓸때에 먹이 소매에 묻난것
二 둘재줄 붙어 쓸때에는 먼저 쓴것이 보이지 않히 하난것
三 쓰기에 둔한것
四 쓴것을 보기에 둔한것

우와 같히 여러가지 불편이 잇난고로 옳은 편으로 붙어 나리쓰어 왼편으로 가난것보다 왼편에서 옳은 편으로 쓰어 오난것이 더 좋고 그、

중에 제일 좋은 것은 왼편으로 붙여 가로쓰어 옳은 편으로 오난 것
이니라
一 쓰기에 큰 편리가 있음
二 보기에 큰 리해가 있음
눈은 나리박인 것이 않이오 가로박인 것이라 그런고로 나리쓴 글을
볼때에는 머리가 올느락 나리락 하며 신고를 하되 가로 쓴글을 볼때
에는 눈알만 이리 저리 굴녀보이니 이러한 편리가 있으며 또
나리쓸때에는 팔이 전혀 올느락 나리락 요동을 하나 가로 쓸때에는
손목만 놀니나니 이러한 편리가 또한 있나니라
그런고로 쓰기에 편리한 순서를 생각하난이는 누구나 물론하고 나리
쓰난 것보다 가로쓰난 것이 편리한줄을 먼저 생각하난도다 그런고로
말소리를 가로쓰자면 자연 저와 같히 되나니 결코 영어나 법어나 덕
어나 아어를 모방함은 않이니라 그러나
홋소리는 그대로 가로쓰자면 불편한고로 음조(音調)에 의지하여 되

엿나니라

ㅗ 음을 하고자 할때에는 우아래 입살이 서로 모도와 둥굴게 되나니 그런고로 ㅗ 음의 부호를 둥굴은 형상 ○ 표로 정한후에

ㅓ 음은 입안 천장에서 그 긔운이 울닌다 하여 ○ 표에 한 직선(直線)을 우으로 그엇고

ㅜ 음은 입밖으로 나려온다 하여 ○ 표에 한 직선(直線)을 아래로 그엇고

ㅏ 음은 입살이 벌니어진다 하여 그와 같히 되엿고

ㅡ、ㅣ 두음은 ○ 표에 의지하여 됨이 둔한고로

ㅣ 음은 그대로 쓰엇으며

ㅡ 음은 ㅣ 음보다 짧은고로 그와 같히 되엿나니라

가로쓰난 것은 세간을 반다시 정하여야 하나니 그런고로 [illegible]을 것고 보면 더욱 알기 쉽읍니다

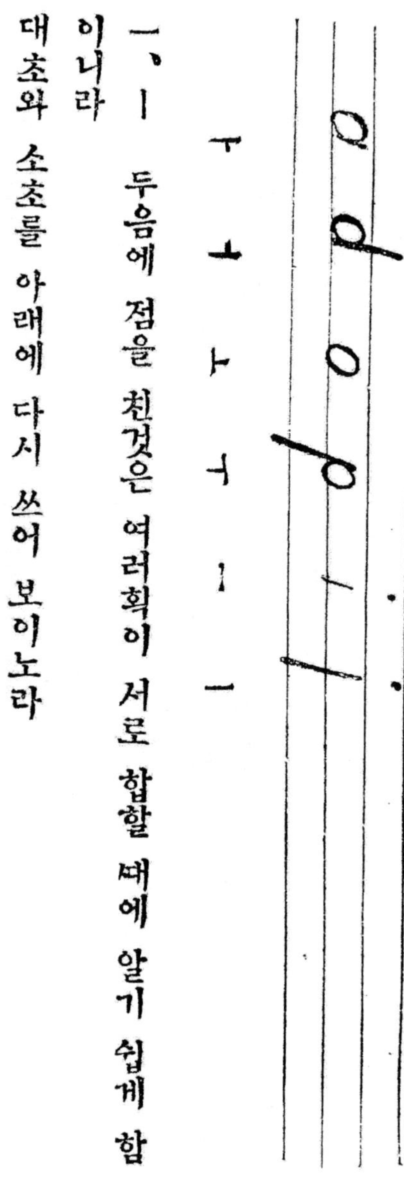

ㅡ、ㅣ 두음에 점을 친것은 여러획이 서로 합할 때에 알기 쉽게 함이니라

대초와 소초를 아래에 다시 쓰어 보이노라

홀소리의 대초와 소초

A a Q d O o L p J i F j

닿소리의 대쵸와 소쵸

Ʒ ʒ ∂ ∂ З з Ɛ ɛ N n M m

C c X x Ж ж V v W w Щ щ

δ δ Ƶ ɛ

합한 홑소리 (二重、三重、四重合成)나 합한 닿소리 (合成子音)는 써로 짝어 쓰지 않히 하고 아래와 갈히 얼마든지 합할수 잇난대로 합하여 쓰나니라

ㅑ = *ja*　ㅕ = *jd*　ㅛ = *jo*　ㅠ = *jp*　ㆍ = *ji*

ㅐ = *aj*　ㅔ = *dj*　ㅚ = *oj*　ㅟ = *pj*　ㅢ = *ij*

ㅒ = *jaj*　ㅖ = *jdj*　ㅙ = *oaj*　ㅞ = *pdj*　ㆉ = *joj*

주의

우리글은 홀소리나 닿소리가 서로 합할 적에 합음(合音)이 흔히 되나니 그러므로 합음 되는 것을 각각 분리하고자 할 때는 점을 쳐서 표하나니라

례

zojod = 고용　*zojod* = 괴웅

닿소리를 급히 쓰면 글자가 분석하기에 어려울 때가 있으므로 그 때

하는 횡선(橫線)으로 표하나니라

례

vamma = 말타 *vamma* = 말다

이니라 글자보지 글씨 가로 쓰는 말음말을 하여 주의 글이 보
이나니라

쳐지로 글을 좋아 보이노라

1 *Orarrar rodrij rir cjrcdr tar*

오날날 공긔 는 신선 한

rodrij rjra.

공긔 나라

Xpr iduc rar sdvpiso rir cory

줄 없 난 검은고 를 소리

iduc bj maroraj xjiv barxa xi

없 히 타노라니 지음 할자 그

zpopya!

누구냐

Xdvir spriv bimidxjv jjd warxir

검은 굴음 흐터짐 이여 밝은

nar cocara nona, warsir nar

달 솟아나 도다 밝은 달

cocarav jjd vonir wajscdб

솟아납 이여 모든 백성

xjrsj nona.

질기도다

大正十二年八月二十一日印刷
大正十二年八月二十三日發行

定價金 六拾五錢

不許複製

著作兼發行者 京城府東崇洞百三十番地의四四 李弼秀

印刷人 京城府安國洞三十五番地 郭重奎

印刷所 京城府安國洞三十五番地 望臺經聖及 基督敎書會 印刷部

發行所 京城府東崇洞百三十番地의四四 조선정음부활회

分賣所 京城府慶雲洞四十六番地 振替口座京城一二五二六番 同文書林

정음문전

인쇄일: 2025년 3월 15일
발행일: 2025년 3월 30일
지은이: 리필수
발행인: 윤영수
발행처: 한국학자료원
서울시 구로구 개봉본동 170-30
전화: 02-3159-8050 팩스: 02-3159-8051
문의: 010-4799-9729
등록번호: 제312-1999-074호

잘못된 책은 교환해 드립니다.
정가 150,000원